Le chimpanzé

Plein d'idées

Texte de Stéphane FRATTINI
Photos de l'agence BIOS

Mini Patte

MILAN
jeunesse

Collection dirigée par Valérie Tracqui

Le chimpanzé vit en Afrique. Il habite parfois la savane, mais préfère la forêt, qui lui offre abri et nourriture.

Réveil

Le soleil se lève sur la forêt tropicale, qui sent bon le bois humide et les fleurs sucrées. Dans un nid, des petits oiseaux colorés piaillent. Soudain, un grand arbre remue. Des chimpanzés y ont passé la nuit. Pas très discrets, ils s'étirent, bâillent, poussent des petits cris. Un jeune s'accroupit sur une branche pour faire pipi. Il perd l'équilibre... et se rattrape à une liane. Ouf!

Le matin, chacun quitte son nid de branches construit la veille avec des feuilles.

7

À l'aise partout

Hop, hop! Bien réveillés, les chimpanzés aux longs bras descendent de l'arbre avec souplesse et agilité. Ils sont aussi parfaitement à l'aise sur le sol, où ils passent la moitié du temps. Affamée, la vingtaine de singes du groupe s'éparpille sur le territoire commun. Par ici ou par là? Chacun hésite et réfléchit. Un chimpanzé ne prend jamais 2 fois exactement le même chemin!

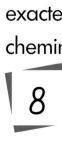 *Quand il marche debout, ses genoux sont fléchis, et le chimpanzé semble plus petit qu'en réalité.*

8

Ses mains habiles sont longues et minces. Elles possèdent des ongles et non des griffes.

Comme ses mains, ses pieds ont un pouce opposable. Pratique pour attraper des choses !

À quatre pattes, il pose les pieds à plat, et s'appuie sur les doigts des mains repliées.

Le chimpanzé mange surtout des fruits, mais aussi ce qu'il trouve : feuilles tendres, noix, écorces, fleurs, miel, et même parfois de petits animaux.

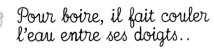 Pour boire, il fait couler l'eau entre ses doigts..

🐵 *Il se sert, comme nous, de ses mains pour porter sa nourriture à sa bouche.*

🐵 *Cette femelle, qui se gratte avec une brindille, se repose, car elle attend un bébé.*

Festin commun

« Houuu ! Boum !... » Un chimpanzé appelle les autres en criant et en frappant un tronc. Il a repéré un arbre plein de fruits mûrs. Son odorat n'est pas très développé, mais sa vue est excellente. Tout le groupe arrive et grimpe dans les branches. Miam ! Les singes se régalent, en croquant des tiges, des feuilles, et même quelques insectes bien croustillants.

11

Bienvenue !

Le bébé chimpanzé
est né pendant la nuit.
Tout petit, très fragile,
il se cramponne au
pelage de sa maman.
C'est un grand
événement pour
le groupe. Tous viennent
le regarder et le toucher
avec curiosité. Inquiète,
la femelle chasse
les grands mâles.
Ils s'éloignent, vexés,
en poussant des cris
de dépit et en cassant
des branches.
Ouste ! Le bébé
a besoin de calme...

 La maman chimpanzé attend son bébé pendant 8 mois. Les jumeaux sont très rares.

Le chimpanzé utilise au moins 23 sons différents.

Mmm… des bisous. Bébé ne manque pas de tendresse.

Dans le groupe, les plus vieux surveillent les autres.

Petit curieux

Quel clown, ce petit
chimpanzé! Il a
le visage tout rose,
avec de grandes
oreilles rondes. Il taquine
sans cesse sa maman,
le matin dans le nid,
ou pendant la sieste.

*La maman transporte
son petit sur le dos.*

*Le jeune tétera encore très longtemps,
jusqu'à l'âge de 5 ou 6 ans.*

*Sa mère lui apprend à reconnaître les plantes.
Celle-ci est amère, mais c'est un bon vermifuge.*

Parfois, il la tape avec des feuilles et lui fait des grimaces... Bientôt, il commence à s'éloigner seul et essaye de grimper aux arbres. À 6 mois, il sait aussi marcher debout. Badaboum ! Enfin, presque...

*Tout intéresse le petit curieux,
qui sait très bien se faire comprendre !*

15

Souvent, deux chimpanzés amis se tiennent la main et s'embrassent.

De plus en plus agile, le petit chimpanzé se lance dans l'aventure.

Quand le groupe est important, les jeunes sont surveillés dans des « crèches » par une ou deux mères.

Devenir grand

En grandissant,
le chimpanzé joue avec
les jeunes de son âge.
Ils se poursuivent,
se balancent dans
les branches... Chacun
veut prouver sa force.
Comme chez les grands,
il faut savoir qui est le
chef et qui est dominé.
Excité par le jeu,
l'un d'eux s'empare
d'un bâton pour taper
sur un copain.
Cette fois, les adultes
se fâchent ! Penaud,
le jeune s'éloigne.

Le chimpanzé deviendra adolescent vers 9 ans et sera adulte vers 13 ans.

17

Danger

Alerte ! Tapi dans la verdure, un léopard guette. Mais un chimpanzé l'aperçoit et se met à crier. Aussitôt, tout le groupe se prépare à la bagarre.

Pour menacer, il montre les dents. Mais il le fait aussi quand il a peur !

Le léopard attaque au sol, en s'approchant d'abord au plus près de sa proie.

18

🐵 *Le python aussi attaque par surprise…*

Les singes poussent des hurlements. Leur pelage se hérisse pour les faire paraître plus gros. Ils ramassent des pierres et des bâtons et les lancent vers leur ennemi… Le léopard rugit et montre les crocs. Finalement, il préfère renoncer et disparaît dans la forêt. Ouf !

🐵 *Chez les chimpanzés, on s'entraide face au danger !*

🐵 Le toilettage est un bon moyen d'entretenir l'amitié.
Il apaise aussi les tensions, et évite les bagarres.

🐵 Pacifique, le chimpanzé aime vivre en société.

🐵 Mmm ! Très agréable, le massage de la tête !

Toilette mutuelle

Il commence à faire très chaud dans la forêt. À l'ombre, certains font la sieste, d'autres se toilettent mutuellement : c'est un travail très minutieux... Avec les lèvres et les ongles, on écarte la fourrure du voisin. On retire les saletés qui s'y sont accrochées, on nettoie les petites blessures. Et quand on trouve un parasite, miam ! on le croque tout cru.

Pour la sieste, le chimpanzé ne prend pas la peine de fabriquer un nid.

21

22

 Pour manger la graine à l'intérieur, il pose la noix de palme sur une surface dure et frappe dessus avec un caillou. Malin !

 Avec patience, les adultes apprennent aux jeunes à saisir les termites.

Des outils

Rusé, le chimpanzé ! Une branche lui sert de levier, un fruit vide fait un gobelet, une feuille devient cuillère, serviette ou parapluie... Il sait même fabriquer des outils pour attraper les termites. Il choisit une tige bien droite et la dépouille de son écorce. Très concentré, le singe l'enfonce dans un des trous de la termitière. Les insectes s'y accrochent. Il ne reste plus qu'à ressortir la « brochette » pour les gober !

Le chimpanzé connaît au moins 26 manières d'utiliser des outils, preuve d'intelligence.

23

Le sage

Chez les chimpanzés,
chacun connaît sa place.
Les grands mâles se
défient, mais la violence
est rare. Tous les singes
d'un territoire se
connaissent et forment
des petits groupes,
qui se font et se défont.
Quand une femelle
est en chaleur, pas de
jaloux ! Plusieurs mâles
peuvent s'accoupler
avec elle. On respecte
aussi les anciens,
de vrais « sages »
qui peuvent atteindre
l'âge de 50 ans...

24

Le chimpanzé est notre cousin : nous descendons sans doute des mêmes ancêtres, qui vivaient il y a 7 millions d'années.

PAUVRE CHIMPANZÉ !

En 2003, il restait moins de 100 000 chimpanzés sauvages dans les forêts d'Afrique, soit 2 fois moins qu'en 1983. Comme pour le gorille, l'espèce est menacée de disparition. Les responsables ? Les hommes, qui défrichent la forêt et tuent les singes.

Pour capturer un animal vivant, le braconnier n'hésite pas à en tuer plusieurs.

Si la forêt disparaît, des plantes aussi seront perdues pour toujours.

Graves menaces

Chaque année, la forêt où vivent les chimpanzés se réduit, tandis que des braconniers capturent les singes pour les revendre aux trafiquants. Plus terrible encore : leur viande, qui n'était autrefois que rarement consommée, est vendue sur les marchés des grandes villes africaines. De plus, les chimpanzés sont victimes du terrible virus Ebola, qui s'attaque également aux hommes...

Ce qu'il nous dit

En 1965, un couple de chercheurs enseigna à une jeune femelle, Washoe, le langage des signes. Elle utilisa bientôt plus de 300 mots pour communiquer avec eux ! Et ce n'est qu'une expérience parmi d'autres. Le chimpanzé ne pourra jamais parler, car il lui manque le gène responsable, et l'anatomie de sa langue et de son larynx ne lui permet pas d'articuler. Comme nous, il peut pourtant rire ou pleurer, faire une farce et admirer un paysage. On dirait que certains hommes sont effrayés par cette réalité.

Comment agir ?

Pour sauver les singes, la seule solution est de créer des réserves naturelles protégées, comme celle de Conkouati au Congo. Là-bas, l'association HELP (Habitat écologique et Liberté des primates) s'occupe de déplacer des chimpanzés sauvages menacés, pour les réintroduire dans la réserve. Un travail difficile à mener dans ces pays pauvres, confrontés à d'autres problèmes...

L'association s'occupe aussi de jeunes chimpanzés saisis aux trafiquants.

🐵 Le bonobo

QUELQUES COUSINS

Parmi les 150 espèces de singes, les « anthropoïdes » sont les plus évolués. Ils peuvent marcher debout, ne possèdent pas de queue et ont un cerveau très développé. En Afrique et en Asie où ils vivent, beaucoup de peuples les considéraient d'ailleurs comme des hommes primitifs !

Proche cousin du chimpanzé, le **bonobo** a le visage noir et les lèvres rouges. Calme et intelligent, il marche souvent debout. Il n'en reste plus que 10 000 dans la forêt du Zaïre.

Le **gibbon** vit dans les forêts d'Asie. De petite taille, cet acrobate s'élance de branche en branche et court même debout sur certaines ! C'est aussi un très bon chanteur, qu'on entend de loin...

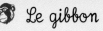

🐵 Le gibbon

28

🐵 *Le gorille des montagnes*

Le géant **orang-outan** peut atteindre 100 kg, avec des bras de 2 m. Il mène une vie solitaire et secrète dans les jungles de Bornéo et de Sumatra. Il se nourrit surtout de fruits et ne descend presque jamais au sol.

Le **gorille des montagnes** vit en Afrique de l'Ouest et du Centre. C'est le plus lourd de tous les singes : jusqu'à 200 kg pour un mâle adulte. Il mène pourtant une vie paisible, passant la journée à se nourrir de végétaux ou à dormir.

🐵 *L'orang-outan*

Le **siamang** des forêts de Sumatra et de Malaisie possède sous la gorge un sac vocal. Cette poche de peau se gonfle pour renforcer la puissance de sa voix. Ses cris ressemblent à d'immenses éclats de rire !

🐵 *Le siamang*

29

Quelques questions sur la vie du chimpanzé
dont tu trouveras les réponses dans ton livre.

Crédit photographique :

Toutes les photos sont de l'**agence BIOS** :
C. RUOSO : couverture, 4ᵉ de couverture et p. 23 (b), p. 7 (b), 8, 10 (h), 10-11 (b), 13 (hd), 15 (h), 19 (g), 20 (bg), 21 (b), 22, 24-25, 29 (mg) ;
M. GUNTHER : p. 4, 6-7, 7 (h), 9 (hd), 11 (h), 12-13, 13 (md), 13 (bd), 14 (bg), 15 (b), 16 (hd), 20-21 (h), 20 (bd), 27 (b), 28 (bg) ;
C. M. BAHR : p. 9 (hg) ; J.-L et F. ZIEGLER : p. 9 (b) ; C. RUOSO/ABC : p. 10 (bg) ; J. CANCALOSI/P. ARNOLD : p. 14 (d) ;
J.-J. ALCALAY : p. 16 (hg), 17, 29 (bd) ; M. HARVEY/FOTONATURA : p. 16 (b) ; C. BROMHALL/OSF : p. 18 (h) ;
M. BREUIL : p. 18 (b) ; M. LABOUREUR : p. 19 (hd) ; S. OSOLINSKI/OSF : p. 23 (h) ; N. J. DENNIS : p. 26-27 (h) ;
D. HALLEUX : p. 26 (b) ; M. HARVEY : p. 28 (hd) ; P. et J. WEGNER : p. 29 (hd).

ISBN : 2.7459.1401.4
Dépôt légal : 2ᵉ trimestre 2004
Imprimé en Belgique